POLISH FOR BEGINNERS

FIRST 1000 WORDS

EFFIE DELAROSA

CONTENTS

6-7	TALK
8	NUMBERS
9	FAMILY
10-12	FOOD
13	VEHICLES
14	TRAVEL
15-17	ANIMALS
18-19	TIME
20-23	VERBS
24	SCHOOL

CONTENTS

25-26	JOBS
27	FRUITS
28	VEGETABLES
29	FEELINGS
30-32	ADJECTIVES
33	NATURE
34	CULTURE
35	COLORS
36	SHAPES & DIRECTIONS
37-40	HOME

CONTENTS

41	PREPOSITIONS
42-44	HUMAN
45	TIME (2)
46-49	COUNTRIES
50	CLOTHES
51	ACCESSORIES
52	SPACE
53	SHOPPING
54-56	ADVERBS
57	PEOPLE

58	SPORT
59	WORLD
60-61	INTERNET
62-63	VOCABULARY
64	TOOLS
65-66	HEALTH-SCIENCE
67	CITY
68	MATERIALS
69	EARTH
70	MUSIC
71	MAIL
72	ECOLOGY

Przykro mi  Sorry	**Ale** But	**Dobry wieczór**  Good evening
Ponieważ Because	**Witaj / Witajcie**  Welcome	**Gdzie**  Where
Co What	**Ile** How much	**Który** Which
Wspaniały  Awesome	**Uroczy**  Cute	**Pomoc**  Help
Jeśli If	**Kiedy**  When	**Dlaczego**  Why

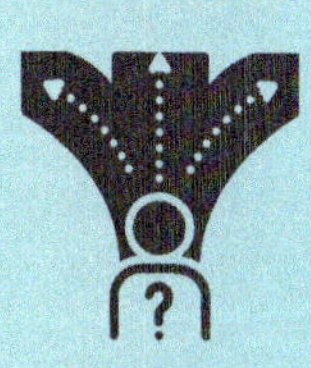

MÓWIĆ

7

TALK

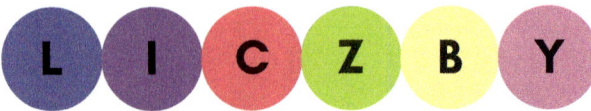 NUMBERS

 0 ZERO — Zero

 1 JEDEN — One

 2 DWA — Two

 3 TRZY — Three

 4 CZTERY — Four

 5 PIĘĆ — Five

 6 SZEŚĆ — Six

 7 SIEDEM — Seven

 8 OSIEM — Eight

 9 DZIEWIĘĆ — Nine

 10 DZIESIĘĆ — Ten

 15 PIĘTNAŚCIE — Fifteen

20 DWADZIEŚCIA — Twenty

 100 STO — One Hundred

 1000 TYSIĄC — One Thousand

RODZINA
FAMILY

Matka — Mother

Ojciec — Father

Brat — Brother

Siostra — Sister

Babcia — Grandmother

Dziadek — Grandfather

Syn — Son

Córka — Daughter

Ciocia — Aunt

Wujek — Uncle

Wnuczka — Granddaughter

Wnuk — Grandson

Żona — Wife

Mąż — Husband

Śniadanie	Breakfast
Obiad	Lunch
Kolacja	Dinner
Posiłek	Meal
Chleb	Bread
Ser	Cheese
Jajko	Egg
Ryba	Fish
Mięso	Meat
Masło	Butter
Szynka	Ham
Kiełbasa	Sausage
Jogurt	Yogurt
Ciasto	Cake
Chocolate	Chocolate

Sól *Salt* 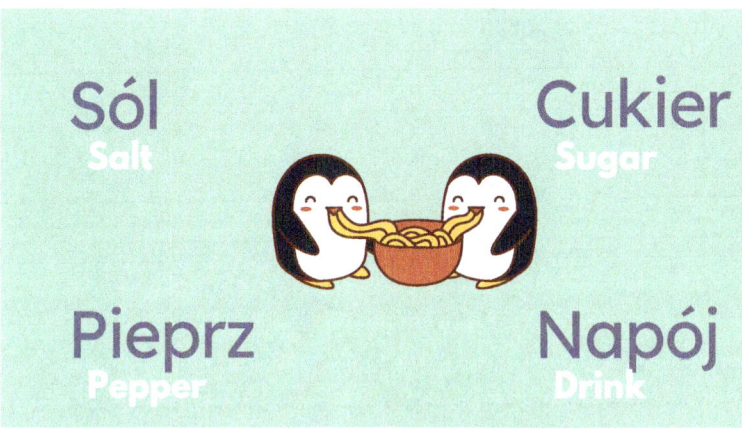 **Cukier** *Sugar* **Pieprz** *Pepper* **Napój** *Drink*	**Mąka** *Flour*  **Lizak** *Lollipop*
Miód *Honey* **Pączek** *Doughnut* **Lody** *Ice Cream* 	**Woda** *Water* **Kawa** *Coffee* **Mleko** *Milk* 
Sok Pomarańczowy *Orange Juice* 	**Herbata** *Tea* **Gorąca Czekolada** *Hot Chocolate* 

Jedzenie	Food
Witamina	Vitamin
Cebula	Onion
Deser	Dessert
Płatki zbożowe	Cereals
Fasola	Beans
Kukurydza	Corn
Keczup	Ketchup
Pszenica	Wheat
Musztarda	Mustard
Owies	Oat
Przyprawy	Spices
Olej	Oil
Ryż	Rice
Makaron	Pasta

pojazdy
vehicles

SAMOLOT — AIRPLANE
ŁÓDKA — BOAT
STATEK — SHIP

SAMOCHÓD — CAR
MOTOCYKL — MOTORBIKE
POCIĄG — TRAIN

CIĄGNIK — TRACTOR
ROWER — BICYCLE
AUTOBUS — BUS

TAKSÓWKA — TAXI
METRO — SUBWAY
CIĘŻARÓWKA — TRUCK

KARETKA — AMBULANCE
HELIKOPTER — HELICOPTER
TRAMWAJ — TRAM

podróż  travel

WAKACJE HOLIDAY	**LOTNISKO** AIRPORT	**DWORZEC KOLEJOWY** TRAIN STATION

PORT PORT	**TURYSTA** TOURIST	**HOTEL** HOTEL

DOM HOUSE	**MIESZKANIE** APARTMENT	**WALIZKA** SUITCASE

PASZPORT PASSPORT	**MAPA** MAP	**BASEN** SWIMMING POOL

DROGA ROAD	**ULICA** STREET	**SPACER** WALK

Ptak  Bird	**Kot**  Cat	**Pies**  Dog
Kaczka  Duck	**Mysz**  Mouse	**Gołąb**  Pigeon
Królik  Rabbit	**Słoń**  Elephant	**Małpa**  Monkey
Kurczak  Chicken	**Krowa**  Cow	**Osioł**  Donkey
Koza  Goat	**Koń**  Horse	**Świnia**  Pig

ANIMALS / ZWIERZĘTA

Owca  Sheep	**Gęś**  Goose	**Niedźwiedź**  Bear
Wielbłąd  Camel	**Żaba**  Frog	**Wąż**  Snake
Żółw  Turtle	**Wilk**  Wolf	**Krokodyl**  Crocodile
Dinozaur  Dinosaur	**Żyrafa**  Giraffe	**Kangur**  Kangaroo
Jaszczurka  Lizard	**Tygrys**  Tiger	**Zebra**  Zebra

ANIMALS / ZWIERZĘTA

17

Rekin / Shark 	Krab / Crab 	Delfin / Dolphin 
Meduza / Jellyfish 	Homar / Lobster 	Konik morski / Seahorse 
Płaszczka / Ray 	Ośmiornica / Octopus 	Motyl / Butterfly 
Karaluch / Cockroach 	Pająk / Spider 	Chrząszcz / Beetle 
Ważka / Dragonfly 	Mrówka / Ant 	Pszczoła / Bee 

ANIMALS / ZWIERZĘTA

| DZIEŃ | DAY |

PONIEDZIAŁEK	WTOREK	ŚRODA	CZWARTEK
MONDAY	TUESDAY	WEDNESDAY	THURSDAY

PIĄTEK	SOBOTA	NIEDZIELA	TYDZIEŃ
FRIDAY	SATURDAY	SUNDAY	WEEK

| CZAS | TIME |

GODZINA	MINUTA
HOUR	MINUTE

| ROK | YEAR |

| MIESIĄC | MONTH |

STYCZEŃ	LUTY	MARZEC	KWIECIEŃ
JANUARY	FEBRUARY	MARCH	APRIL

MAJ	CZERWIEC	LIPIEC	SIERPIEŃ
MAY	JUNE	JULY	AUGUST

WRZESIEŃ	PAŹDZIERNIK	LISTOPAD	GRUDZIEŃ
SEPTEMBER	OCTOBER	NOVEMBER	DECEMBER

18

Zima Winter
Wiosna Spring
Jesień Autumn
Lato Summer

Pora roku Season

Wiatr Wind
Deszcz Rain
Burza Thunderstorm

Poranek Morning
Popołudnie Afternoon
Noc Night

Klimat Climate

Teraźniejszość Present
Przyszłość Future
Przeszłość Past

CZASOWNIKI / VERBS

mieć	have
być	be
robić	do
powiedzieć	say
móc	can
pójść	go
widzieć	see
wiedzieć	know
chcieć	want
przyjść	come
potrzebować	need
musieć	have to
wierzyć	believe
znaleźć	find
dać	give

CZASOWNIKI

VERBS

wziąć	take
mówić	talk
położyć	put
wydawać się	seem
wyjść	leave
zostać	stay
myśleć	think
patrzeć	look
odpowiedzieć	answer
czekać	wait
żyć	live
rozumieć	understand
wejść	come in
stać się	become
wrócić	come back

CZASOWNIKI  VERBS

pisać	write
wołać	call
upaść	fall
zacząć	start
podążać za	follow
pokazać	show
śmiać się	laugh
uśmiechać się	smile
pamiętać	remember
bawić się	play
jeść	eat
czytać	read
dostać	get
płakać	cry
wyjaśnić	explain

CZASOWNIKI  VERBS

śpiewać	sing
dotykać	touch
wąchać	smell
oddychać	breathe
słyszeć	hear
malować	paint
uczyć się	study
świętować	celebrate
wybrać	choose
szukać	search
pytać	ask
cieszyć się	enjoy
wyobrażać sobie	imagine
pić	drink
zmienić	change

Alfabet
Alphabet

Ołówek
Pencil

Zeszyt
Notebook

Tornister
Schoolbag

Nożyczki
Scissors

Uczeń
Student

Klasa
Classroom

Przyjaciele
Friends

Profesor
Professor

Matematyka
Mathematics

Historia
History

Nauki ścisłe
Science

Szkoła
School

Nauki humanistyczne
Arts

Geografia
Geography

praca   job

25

PIELĘGNIARKA	**ROLNIK**	**ARCHITEKT**
NURSE	FARMER	ARCHITECT

INŻYNIER	**ROBOTNIK**	**STRAŻAK**
ENGINEER	LABORER	FIREFIGHTER

OGRODNIK	**PRAWNIK**	**PILOT**
GARDENER	LAWYER	PILOT

AKTOR	**DENTYSTA**	**MECHANIK**
ACTOR	DENTIST	MECHANIC

ŚMIECIARZ	**KSIĘGOWY**	**PSYCHOLOG**
DUSTMAN	ACCOUNTANT	PSYCHOLOGIST

praca  job

DZIENNIKARZ — JOURNALIST
STOLARZ — CARPENTER
MUZYK — MUSICIAN

HYDRAULIK — PLUMBER
KUCHARZ — COOK
PISARZ — WRITER

FRYZJER — HAIRDRESSER
SEKRETARKA — SECRETARY
KIEROWCA — DRIVER

POLICJANT — POLICEMAN
LEKARZ — DOCTOR
WETERYNARZ — VETERINARIAN

OPTYK — OPTICIAN
PEDIATRA — PEDIATRICIAN
KELNER — WAITER

OWCE / FRUITS

 **ŚLIWKA** PLUM	 **BRZOSKWINIA** PEACH	 **WIŚNIA** CHERRY
 **JABŁKO** APPLE	 **WINOGRONO** GRAPE	 **ARBUZ** WATERMELON
 **ANANAS** PINEAPPLE	 **TRUSKAWKA** STRAWBERRY	 **MALINA** RASPBERRY
 **GRUSZKA** PEAR	 **BANAN** BANANA	 **MELON** MELON
 **CYTRYNA** LEMON	 **JEŻYNA** BLACKBERRY	 **POMARAŃCZA** ORANGE

WARZYWA / VEGETABLES

 **GRZYB** — MUSHROOM

 **BROKUŁ** — BROCCOLI

 **KAPUSTA** — CABBAGE

 **SZPARAG** — ASPARAGUS

 **OGÓREK** — CUCUMBER

 **MARCHEWKA** — CARROT

 **RZODKIEWKA** — RADISH

 **SAŁATA** — LETTUCE

 **ZIEMNIAK** — POTATO

 **POMIDOR** — TOMATO

 **AWOKADO** — AVOCADO

 **POR** — LEEK

 **BURAK** — BEETROOT

 **BAKŁAŻAN** — EGGPLANT

 **KARCZOCH** — ARTICHOKE

Spokojny Calm	**Wesoły** Happy	**Zawiedziony** Disappointed
Podekscytowany Excited	**Przestraszony** Frightened	**Naburmuszony** Grumpy
Zakochany In Love	**Zaskoczony** Surprised	**Nieśmiały** Shy
Dumny Proud	**Zły** Angry	**Zdezorientowany** Confused
Zmęczony Tired	**Zdenerwowany** Nervous	**Zaciekawiony** Curious

uczucia

feelings

29

przymiotniki — adjectives

fantastyczny	fantastic
dziwaczny	weird
trudny	hard
zabawny	funny
dziwny	strange
łatwy	easy
niemożliwy	impossible
młody	young
poprawny	correct
wolny	free
chory	sick
taki sam	same
ubogi	poor
możliwy	possible
czysty	clean

przymiotniki / adjectives

brudny	dirty
prosty	simple
smutny	sad
pusty	empty
dobry	good
miękki	soft
fałszywy	false
duży	big
zły	bad
poważny	serious
stary	old
prawdziwy	true
piękny	beautiful
gorący	hot
zimny	cold

przymiotniki / adjectives

drogi	expensive
przejrzysty	clear
ostatni	last
inny	different
silny	strong
miły	nice
wysoki	high
ludzki	human
ważny	important
ładny	pretty
lekki	light
mały	small
nowy	new
pełny	full
pierwszy	first

Trawa Grass
Owad Insect
Śnieg Snow
Kwiat Flower
Powietrze Air
Góra Mountain

Chmura Cloud
Niebo Sky
Mgła Fog

Morze Sea
Jezioro Lake
Plaża Beach

Słońce Sun

Las Forest
Drzewo Tree

KULTURA / CULTURE

GAZETA — NEWSPAPER

KINO — CINEMA

TELEWIZJA — TELEVISION

KSIĄŻKA — BOOK

RZEŹBA — SCULPTURE

FOTOGRAFIA — PHOTOGRAPHY

MUZYKA — MUSIC

KONCERT — CONCERT

FILM — MOVIE

KOMPUTER — COMPUTER

SŁOWNIK — DICTIONARY

OBRAZ — PAINTING

MUZEUM — MUSEUM

OPERA — OPERA

TEATR — THEATER

KOLORY — COLORS

niebieski	blue	**czarny**	black
fioletowy	purple	**biały**	white
różowy	pink	**brązowy**	brown
czerwony	red	**złoty**	gold
pomarańczowy	orange	**szary**	gray
żółty	yellow	**srebrny**	silver
zielony	green	**tęczowy**	rainbow

KSZTAŁTY I KIERUNKI / SHAPES AND DIRECTIONS

przed	in front of
za	behind
lewo	left
prawo	right
środek	middle
kwadrat	square
koło	circle
prostokąt	rectangle
sześcian	cube
romb	diamond
linia	line
zachód	west
wschód	east
północ	north
południe	south

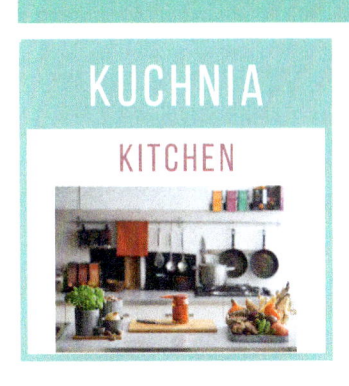

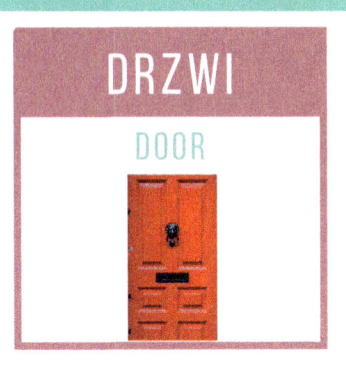

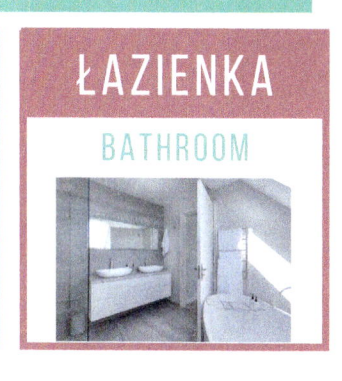

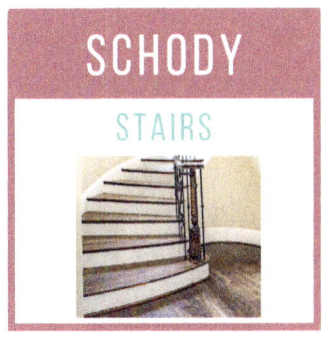

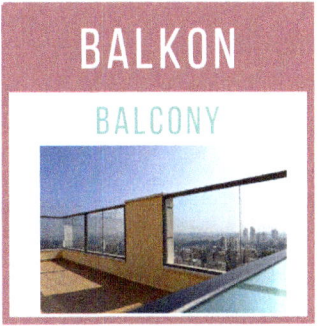

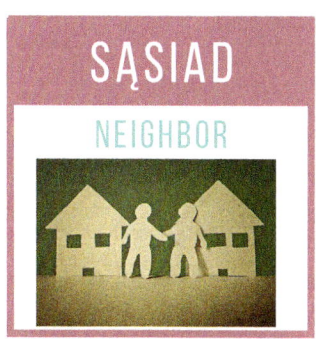

DOM
HOME

37

KUCHNIA	DRZWI	JADALNIA	ŁAZIENKA
KITCHEN	DOOR	DINING ROOM	BATHROOM

OKNO	SCHODY	STRYCH	KORYTARZ
WINDOW	STAIRS	ATTIC	HALL

BIURO	BALKON	PIWNICA	SĄSIAD
OFFICE	BALCONY	BASEMENT	NEIGHBOR

OGRÓD	SYPIALNIA
GARDEN	BEDROOM

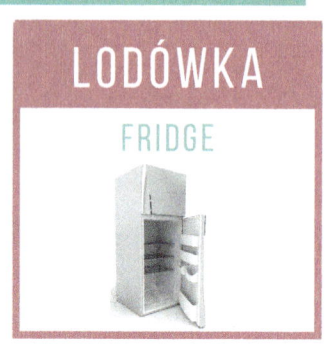

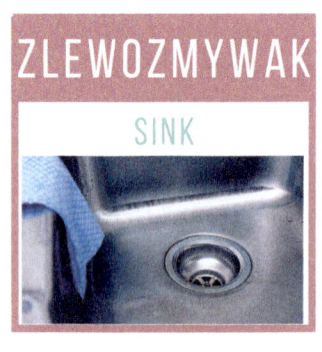

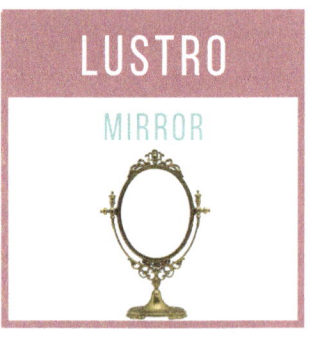

DOM
HOME

38

PIEKARNIK	KALORYFER	KANAPA	LODÓWKA
OVEN	RADIATOR	SOFA	FRIDGE

LAMPA	ZLEWOZMYWAK	TELEFON	SZKLANKA
LAMP	SINK	TELEPHONE	GLASS

TALERZ	LUSTRO	ZEGAR	KRZESŁO
PLATE	MIRROR	CLOCK	CHAIR

ŁÓŻKO	STÓŁ
BED	TABLE

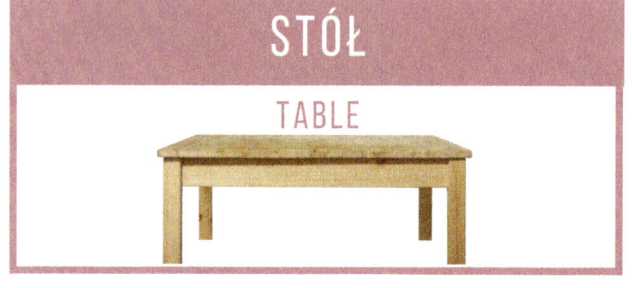

DOM
HOME

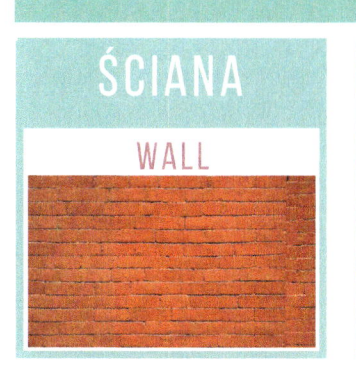

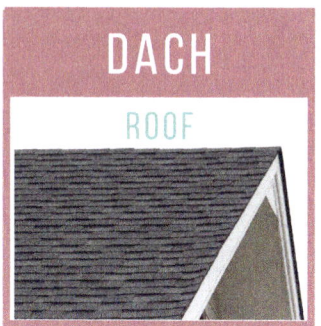

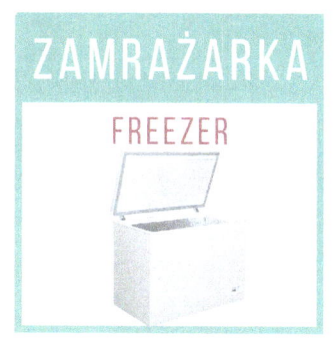

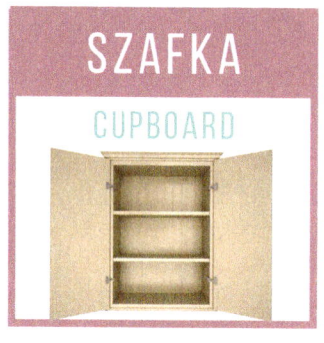

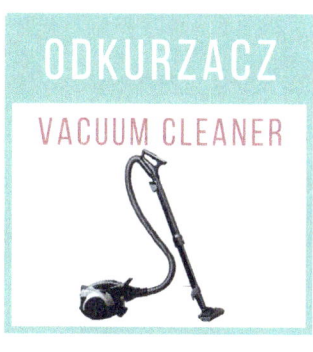

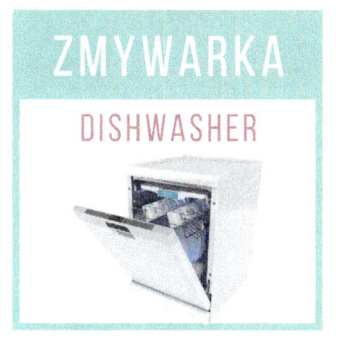

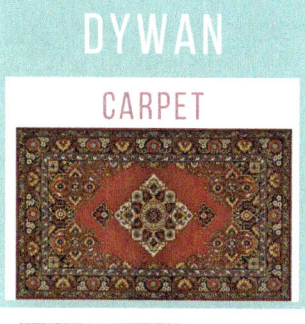

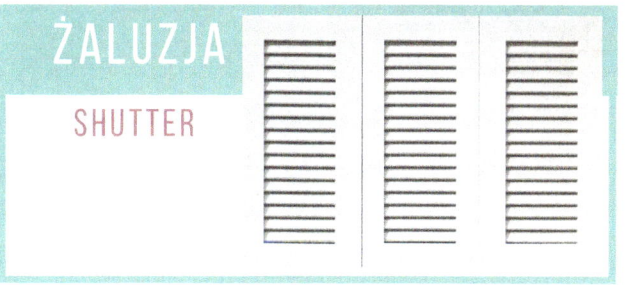

39

ŚCIANA	DACH	ZAMRAŻARKA	SZAFKA
WALL	ROOF	FREEZER	CUPBOARD

ROŚLINA	KOMINEK	ODKURZACZ	KRAN
PLANT	FIREPLACE	VACUUM CLEANER	TAP

ZMYWARKA	MIKROFALÓWKA	DYWAN	DZWONEK
DISHWASHER	MICROWAVE	CARPET	DOORBELL

ŻALUZJA	KLUCZ
SHUTTER	KEY

DOM
HOME

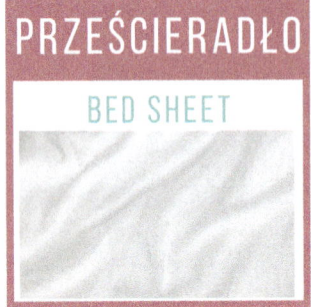

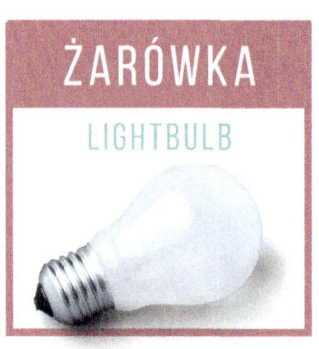

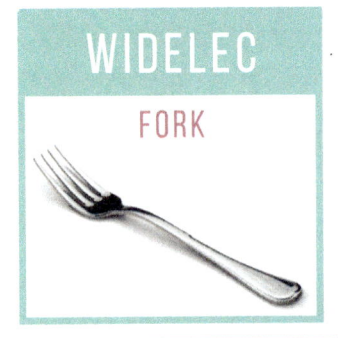

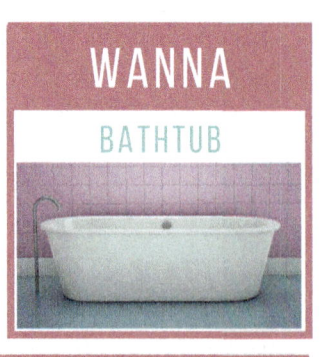

40

RĘCZNIK	PRZEŚCIERADŁO	MYDŁO	GRZEBIEŃ
TOWEL	BED SHEET	SOAP	COMB

ZASŁONA	KUBEK	PRYSZNIC	ŻARÓWKA
CURTAIN	CUP	SHOWER	LIGHTBULB

WIDELEC	ŁYŻKA	NÓŻ	WANNA
FORK	SPOON	KNIFE	BATHTUB

BUTELKA	KOSZ NA ŚMIECI
BOTTLE	GARBAGE CAN

przyimki / prepositions

dla	for
po	after
przed	before
z	with
o	about
przeciwko	against
w	in
bez	without
Od	since
dookoła	around
na	on
jak	like
podczas	during
pomiędzy	between
z	from

Człowiek / Human

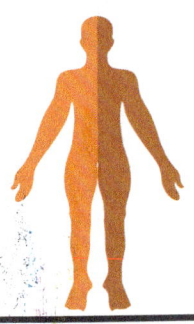

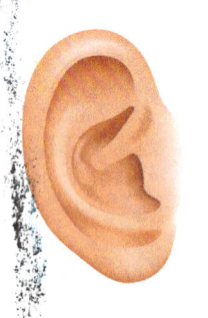

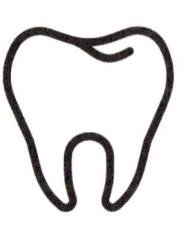

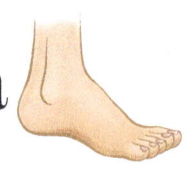

ciało body	**głowa** head	**ręka** hand
włosy hair	**twarz** face	**palec** finger
ucho ear	**oczy** eyes	**paznokieć** nail
nos nose	**usta** mouth	**noga** leg
ząb tooth	**wargi** lips	**stopa** foot

człowiek / Human

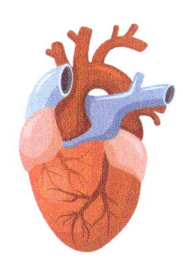

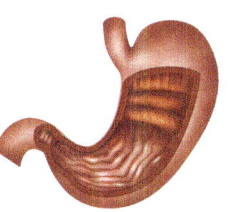

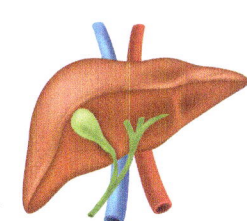

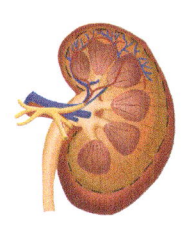

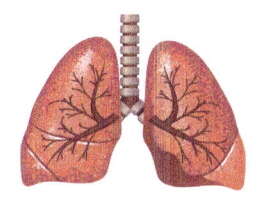

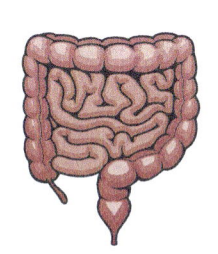

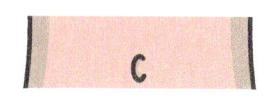

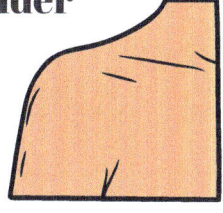

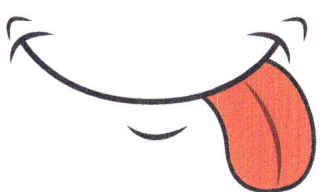

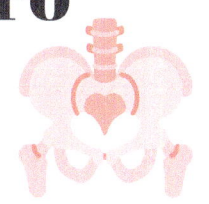

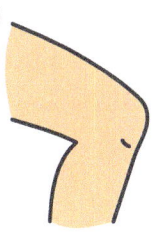

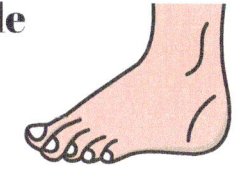

mózg brain	**krew** blood	**serce** heart
żołądek stomach	**wątroba** liver	**nerka** kidney
płuca lungs	**jelito** intestine	**pępek** navel
ramię shoulder	**język** tongue	**brzuch** belly
biodro hip	**kolano** knee	**kostka** ankle

człowiek / Human

skóra — skin	**kość** — bone	**czaszka** — skull
szyja — neck	**nadgarstek** — wrist	**brew** — eyebrow
gardło — throat	**powieka** — eyelid	**podbródek** — chin
broda — beard	**wąsy** — mustache	**mięsień** — muscle
łokieć — elbow	**palec u nogi** — toe	**policzek** — cheek

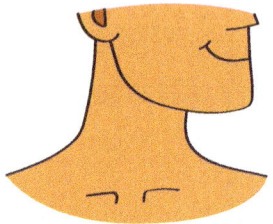

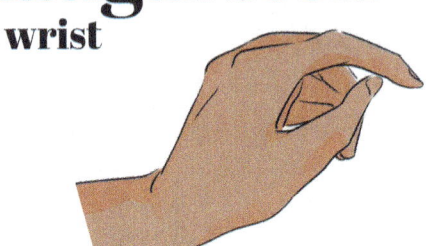

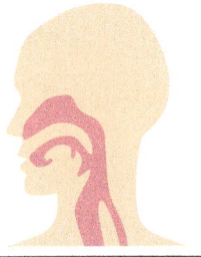

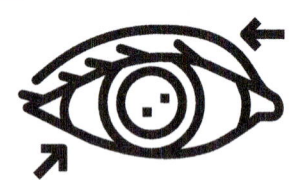

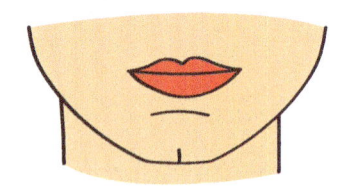

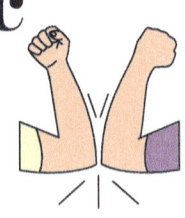

czas — time

wczoraj	yesterday
dzisiaj	today
jutro	tomorrow
teraz	now
wkrótce	soon
późno	late
tutaj	here
odległość	distance
wschód słońca	sunrise
południe	noon
wieczór	evening
północ	midnight
dekada	decade
wiek	century
tysiąclecie	millennium

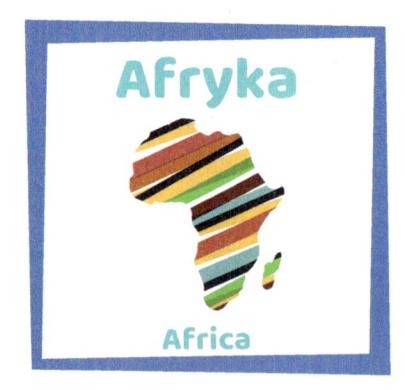

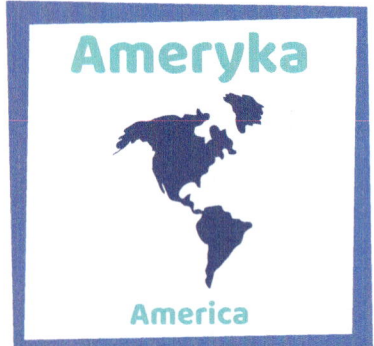

COUNTRY / PAŃSTWO

Europa	Afryka	Azja
Europe	Africa	Asia

Ameryka	Anglia (ANGLI)	Niemcy
America	England	Germany

Francja	Hiszpania	Włochy
France	Spain	Italy

Stany Zjednoczone	Brazylia	Japonia
United States	Brazil	Japan

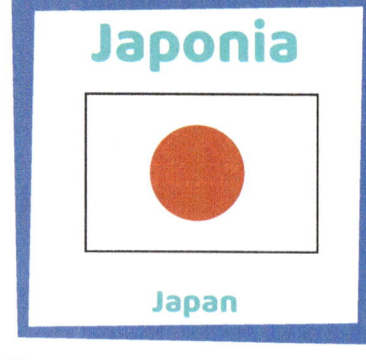

Chiny	Indie	Rosja
China	India	Russia

46

Meksyk / Mexico	Egipt / Egypt	Turcja / Turkey
Nigeria / Nigeria	Tajlandia / Thailand	Korea Południowa / South Korea
Kolumbia / Colombia	Argentyna / Argentina	Algieria / Algeria
Polska / Poland	Arabia Saudyjska / Saudi Arabia	Kamerun / Cameroon
Holandia / Netherlands	Szwajcaria / Switzerland	Szwecja / Sweden

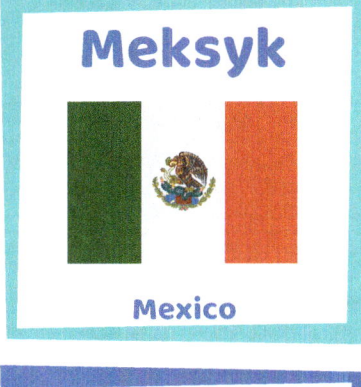

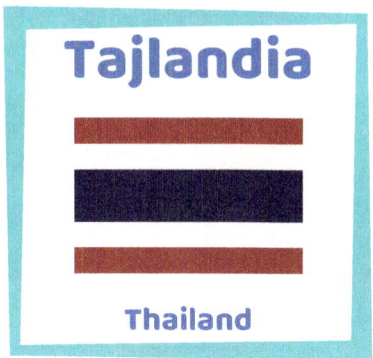

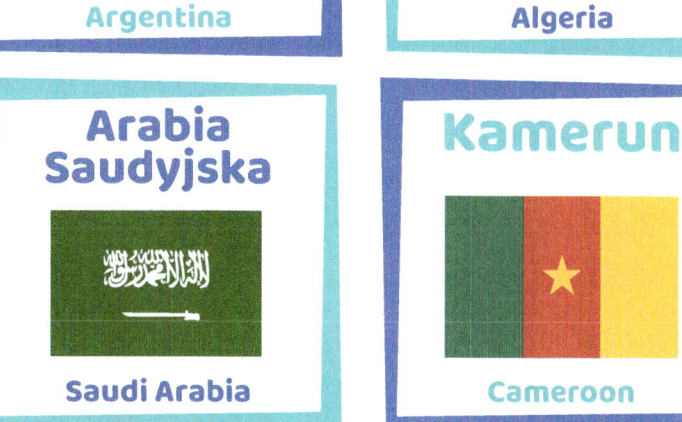

COUNTRY / PAŃSTWO

47

COUNTRY / PAŃSTWO

48

Grecja / Greece	Belgia / Belgium	Irlandia / Ireland
Norwegia / Norway	Australia / Australia	Dania / Denmark
Austria / Austria	Finlandia / Finland	Portugalia / Portugal
Republika Południowej Afryki / South Africa	Indonezja / Indonesia	Tanzania / Tanzania
Ukraina / Ukraine	Peru / Peru	Chile / Chile

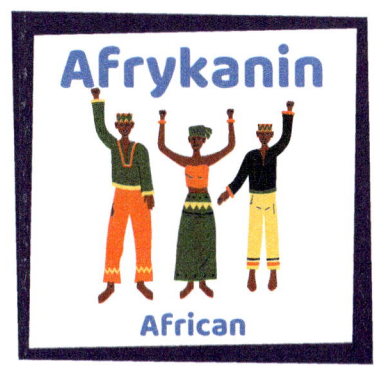

Europejczyk	European
Amerykanin	American
Brytyjczyk	English
Francuz	French
Hiszpan	Spanish
Włoch	Italian
Niemiec	German
Afrykanin	African
Azjata	Asian
Rosjanin	Russian
Chińczyk	Chinese
Kanadyjczyk	Canadian
Hindus	Indian
Brazylijczyk	Brazilian
Meksykanin	Mexican

POPULATION / POPULACJA

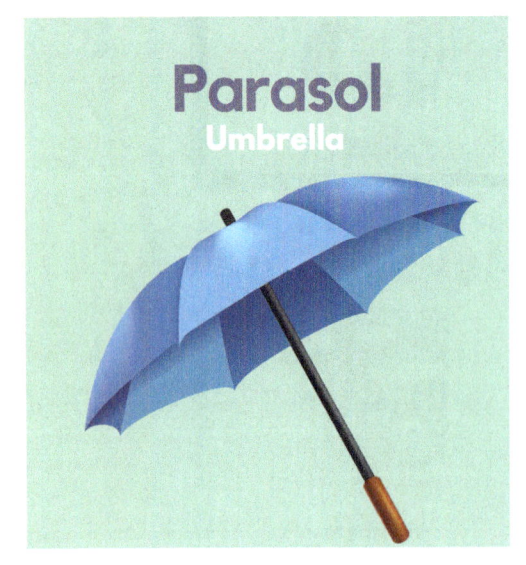

Spodnie	Pants
Bluzka	Shirt
Krawat	Tie
Skarpety	Socks
Kurtka	Jacket
Okulary	Glasses
Sukienka	Dress
Buty	Shoes
Pasek	Belt
Kapelusz	Hat
Portfel	Wallet
Parasol	Umbrella
Czapka	Beanie
Szalik	Scarf
Rękawiczki	Gloves

akcesoria / accessories

BRANSOLETKA	ZEGAREK	BIŻUTERIA
BRACELET	WATCH	JEWELRY

PIERŚCIONEK	KOLCZYKI	CHUSTECZKA
RING	EARINGS	HANDKERCHIEF

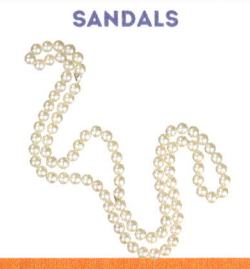

PIŻAMA	SANDAŁY	KOZAKI
PAJAMAS	SANDALS	BOOTS

SZNURÓWKA	NASZYJNIK	KAPCIE
SHOELACE	NECKLACE	SLIPPERS

MAKIJAŻ	TOREBKA	KIESZEŃ
MAKEUP	HANDBAG	POCKET

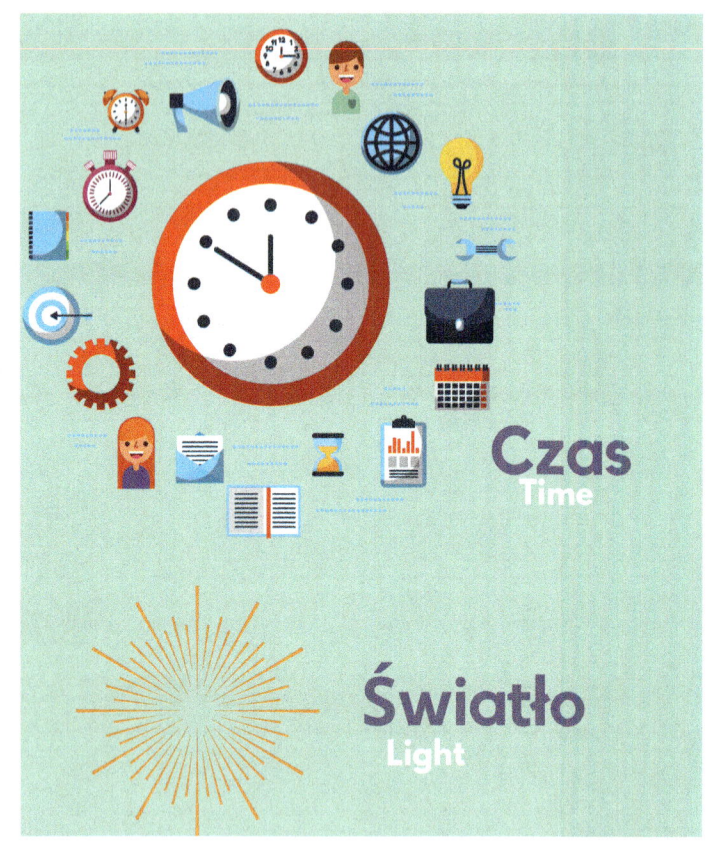

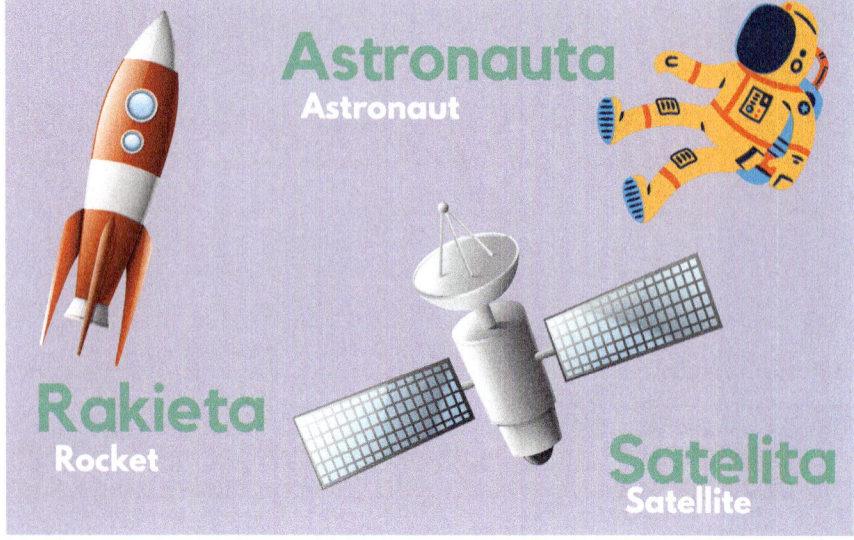

Wszechświat	Universe
Galaktyka	Galaxy
Droga Mleczna	Milky Way
Przestrzeń kosmiczna	Space
Kometa	Comet
Asteroida	Asteroid
Księżyc	Moon
Ziemia	Earth
Gwiazda	Star
Czas	Time
Światło	Light
Planeta	Planet
Rakieta	Rocket
Astronauta	Astronaut
Satelita	Satellite

53

Cena — Price
Płacić — To pay
Pieniądze — Money
Klient — Client

Prezent — Gift

Online — Online
Bank — Bank
Księgarnia — Bookstore

Apteka — Pharmacy
Sklep — Store
Restauracja — Restaurant

Impreza — Party

Wesele — Wedding
Narodziny — Birth
Urodziny — Birthday

przysłówki / adverbs

zawsze	always
gdzie indziej	elsewhere
około	approximately
wszędzie	everywhere
gdzieś	somewhere
gdziekolwiek	anywhere
nigdzie	nowhere
wewnątrz	inside
na zewnątrz	outside
zatem	thus
blisko	near
ponad	above
powoli	slowly
szybko	quickly
naprawdę	really

przysłówki / adverbs

po prostu	simply
poważnie	seriously
na szczęście	fortunately
czasami	sometimes
rzadko	rarely
wystarczająco	enough
po pierwsze	firstly
przed	before
po	after
jednak	however
nigdy	never
niedawno	recently
wtedy	then
często	often
zwykle	usually

przysłówki / adverbs

lepiej	better
dobrze	well
dużo	a lot
raczej	rather
dość	quite
tak	so
też	too
trochę	little
daleko	far
bardzo	very
prawie	almost
już	already
od	since
nagle	suddenly
rzeczywiście	indeed

ludzie

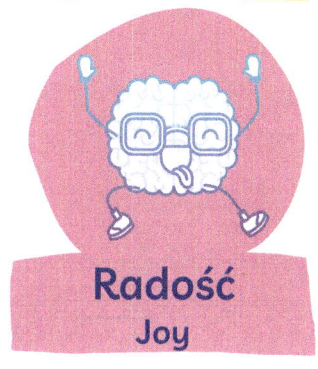

Niemowlę Baby	**Dziecko** Child	**Chłopiec** Boy
Dziewczynka Girl	**Nastolatek** Teenager	**Kobieta** Woman
Mężczyzna Man	**Dorosły** Adult	**Przyjaciel** Friend
Kuzyn Cousin	**Współpracownik** Colleague	**Miłość** Love
Przyjaźń Friendship	**Szczęście** Happiness	**Radość** Joy

people

sport

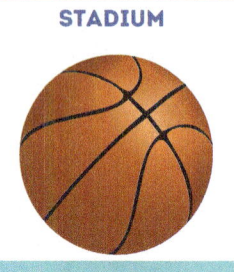

DRUŻYNA	**ZAWODNIK**	**STADION**
TEAM	PLAYER	STADIUM
PIŁKA NOŻNA	**SĘDZIA**	**PIŁKA**
FOOTBALL/SOCCER	REFEREE	BALL
STRÓJ SPORTOWY	**TRENING**	**RANKING**
JERSEY	TRAINING	RANKING
JAZDA KONNA	**KOLARSTWO**	**PŁYWANIE**
HORSE RIDING	CYCLING	SWIMMING
TRENER	**URAZ**	**LEKKOATLETYKA**
COACH	INJURY	TRACK AND FIELD

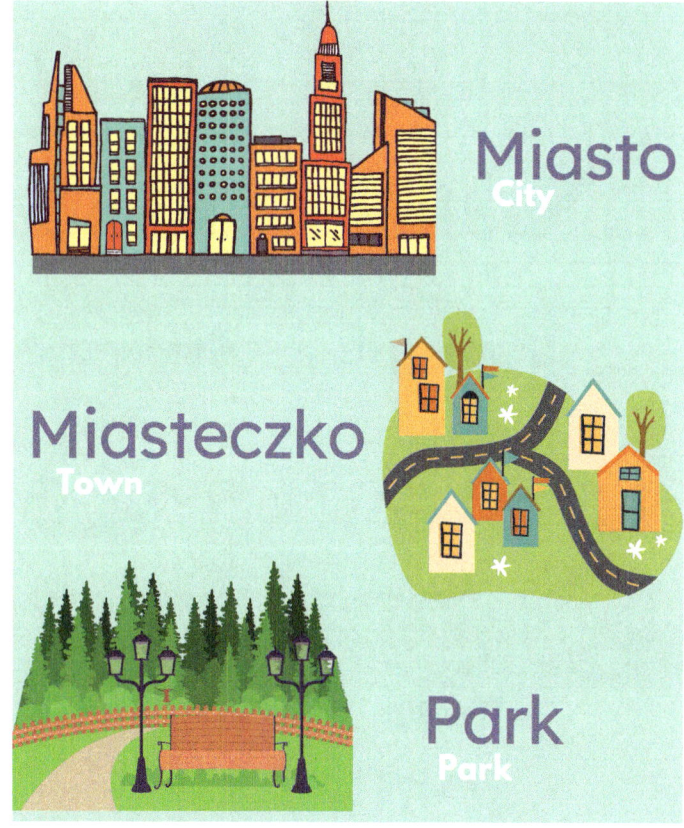

Rząd	Government
Prezydent	President
Polityka	Politics
Burmistrz	Mayor
Świat	World
Państwo	Country
Ludzie	People
Kontynent	Continent
Miasto	City
Miasteczko	Town
Park	Park
Firma	Company
Wyspa	Island
Pustynia	Desert
Szpital	Hospital

59

INTERNET

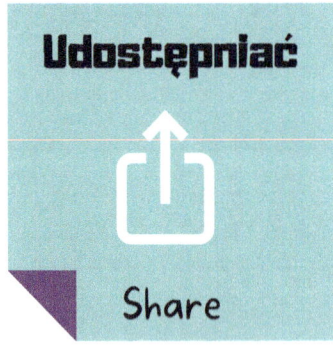

Sieć społecznościowa	Social network
Użytkownik	User
Opublikować	Publish
Udostępniać	Share
Treść	Content
Subskrybować	Subscribe
Wiadomości	News
Reklamowanie	Advertising
Obserwować	Follow
Konto	Account
Kanał	Channel
Zbadać	Research
Komentarz	Comment
Czat	Chat
Link	Link

60

Klawiatura / Keyboard	Laptop / Laptop	Sieć / Network
Hasło / Password	Drukarka / Printer	Ekran / Screen
Kabel / Cable	Kontroler / Controller	Pobieranie / Download
Słuchawki / Earphones	Kalkulator / Calculator	Pendrive / USB Flash Drive
Gry komputerowe / Video games	Oprogramowanie / Software	Plik / File

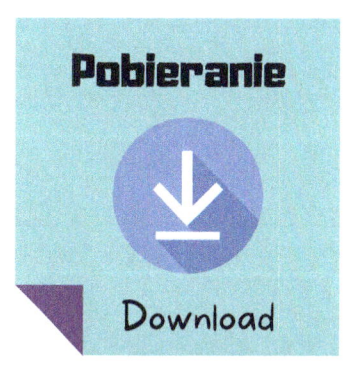

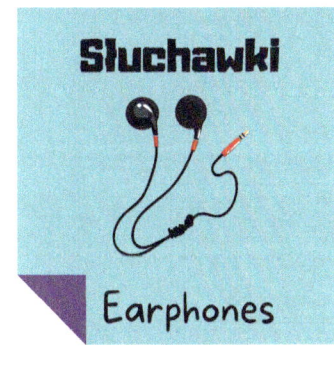

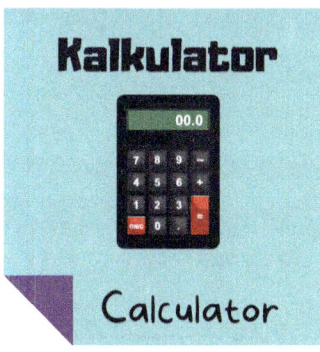

INTERNET

61

słownictwo — vocabulary

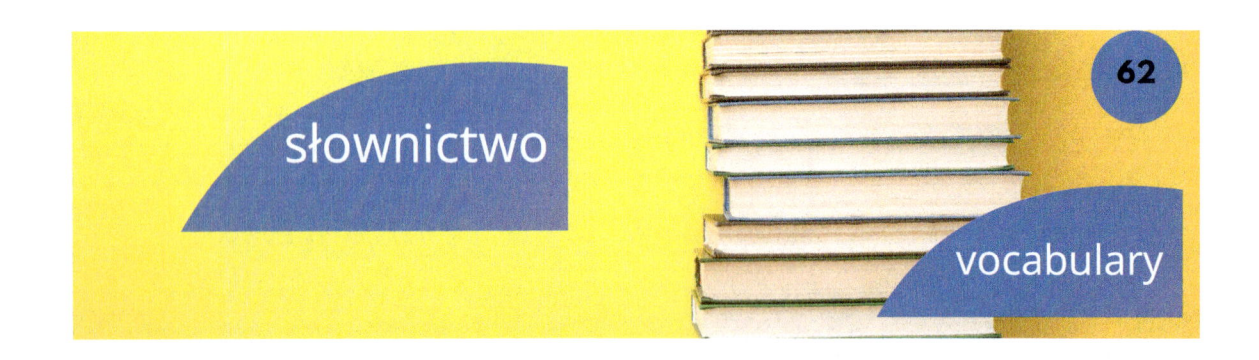

problem	problem
pomysł	idea
pytanie	question
odpowiedź	answer
myśl	thought
duch	spirit
początek	beginning
koniec	end
prawo	law
zycie	life
śmierć	death
pokój	peace
cisza	silence
sen	dream
waga	weight

słownictwo / vocabulary

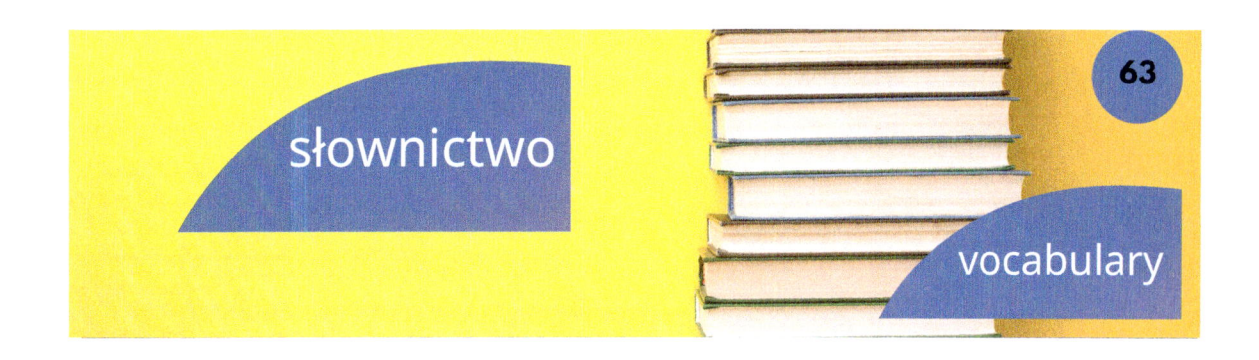

opinia	opinion
rzecz	thing
błąd	mistake
głód	hunger
pragnienie	thirst
wybór	choice
siła	strength
zdjęcie	picture
robot	robot
kłamstwo	lie
prawda	truth
hałas	noise
nic	nothing
wszystko	everything
połowa	half

narzędzia

tools

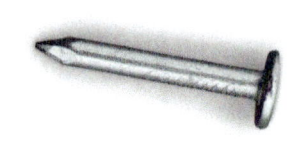

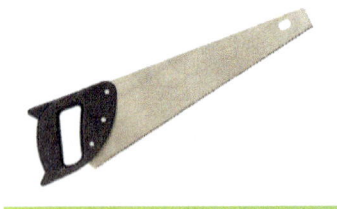

64

SIEKIERA	**WIERTARKA**	**KLEJ**
AXE	DRILL	GLUE
MŁOTEK	**DRABINA**	**GWÓŹDŹ**
HAMMER	LADDER	NAIL
ŚRUBOKRĘT	**GRABIE**	**KOSIARKA**
SCREWDRIVER	RAKE	MOWER
PIŁA	**KARTON**	**TACZKA**
SAW	CARDBOARD	WHEELBARROW
KONEWKA	**ŚRUBA**	**ŁOPATA**
WATERING CAN	SCREW	SHOVEL

słownictwo / vocabulary

alergia	allergy
grypa	flu
odpoczynek	rest
lekarstwo	medication
szczepionka	vaccine
antybiotyk	antibiotic
gorączka	fever
leczyć	heal
zdrowie	health
zakażenie	infection
objaw	symptom
zaraźliwy	contagious
choroba	sickness
ból	pain
kaszel	cough

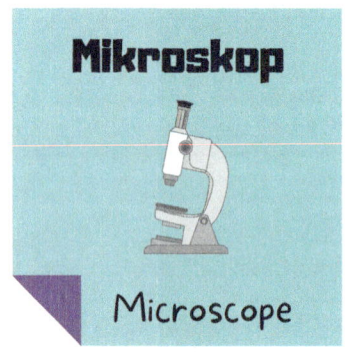

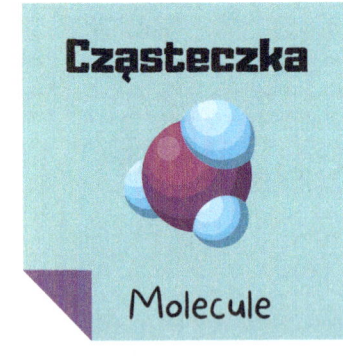

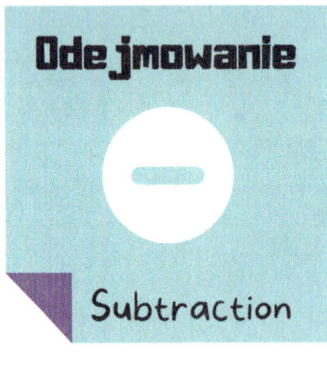

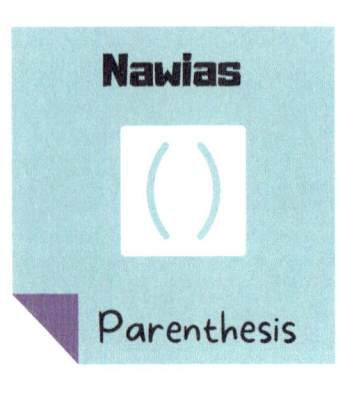

Atom	Atom
Bakteria	Bacterium
Komórka	Cell
Chemia	Chemistry
Biologia	Biology
Mikroskop	Microscope
Cząsteczka	Molecule
Obliczenia	Calculation
Wynik	Result
Dodawanie	Addition
Odejmowanie	Subtraction
Dzielenie	Division
Mnożenie	Multiplication
Nawias	Parenthesis
Procent	Percentage

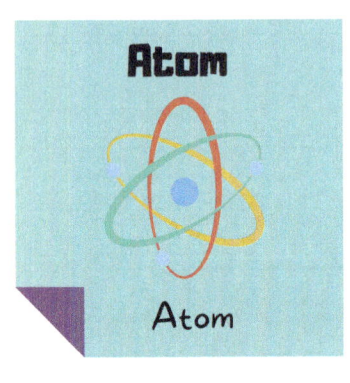

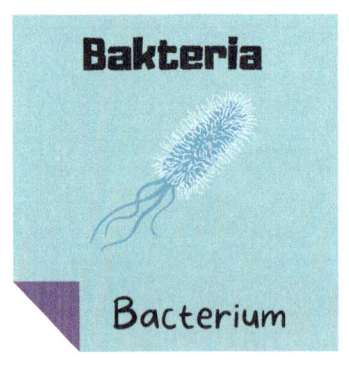

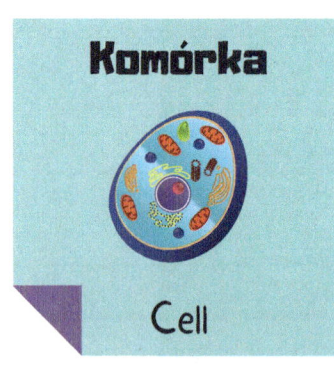

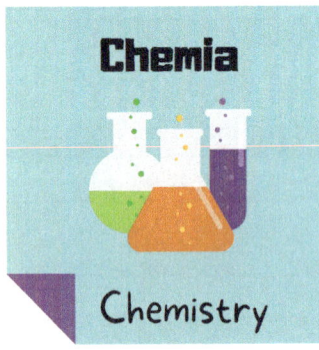

NAUKA / SCIENCE

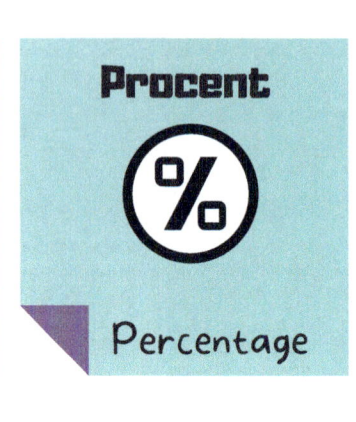

66

miasto — city

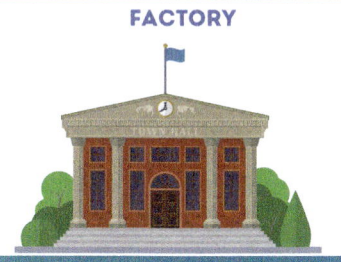

67

UNIWERSYTET	**FABRYKA**	**BUDYNEK**
UNIVERSITY	FACTORY	BUILDING
WIĘZIENIE	**RATUSZ**	**MOST**
JAIL	TOWN HALL	BRIDGE
ZAMEK	**CMENTARZ**	**FONTANNA**
CASTLE	CEMETERY	FOUNTAIN
TUNEL	**ZOO**	**SĄD**
TUNNEL	ZOO	COURT
CYRK	**KASYNO**	**LABORATORIUM**
CIRCUS	CASINO	LABORATORY

Bawełna / Cotton	Drewno / Wood	Cegła / Brick
Beton / Concrete	Wełna / Wool	Skóra / Leather
Metal / Metal	Marmur / Marble	Stal / Steel
Porcelana / Porcelain	Glina / Clay	Plastik / Plastic
Guma / Rubber	Papier / Paper	Piasek / Sand

MATERIALS / MATERIAŁY

Ziemia / Earth

trzęsienie ziemi earthquake	**ogień** fire	**pole** field
lawina avalanche	**tornado** tornado	**urwisko** cliff
ocean ocean	**wulkan** volcano	**wydma** dune
fala wave	**wzgórze** hill	**lodowiec** glacier
dżungla jungle	**dolina** valley	**jaskinia** cave

69

muzyka / music

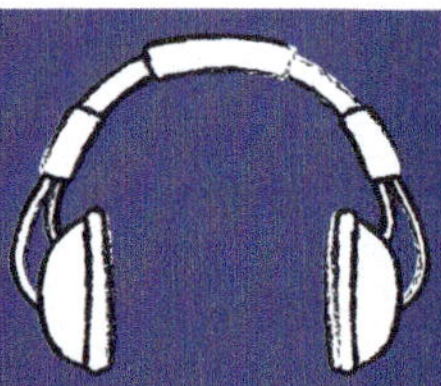

ORKIESTRA — ORCHESTRA	**PIOSENKA** — SONG	**MUZYK** — MUSICIAN
GITARA — GUITAR	**PIOSENKARZ** — SINGER	**PIANINO** — PIANO
PERKUSJA — DRUMS	**SKRZYPCE** — VIOLIN	**TRĄBKA** — TRUMPET
TEKST — LYRICS	**PUBLICZNOŚĆ** — AUDIENCE	**GŁOS** — VOICE
MIKROFON — MICROPHONE	**SCENA** — STAGE	**GŁOŚNOŚĆ** — VOLUME

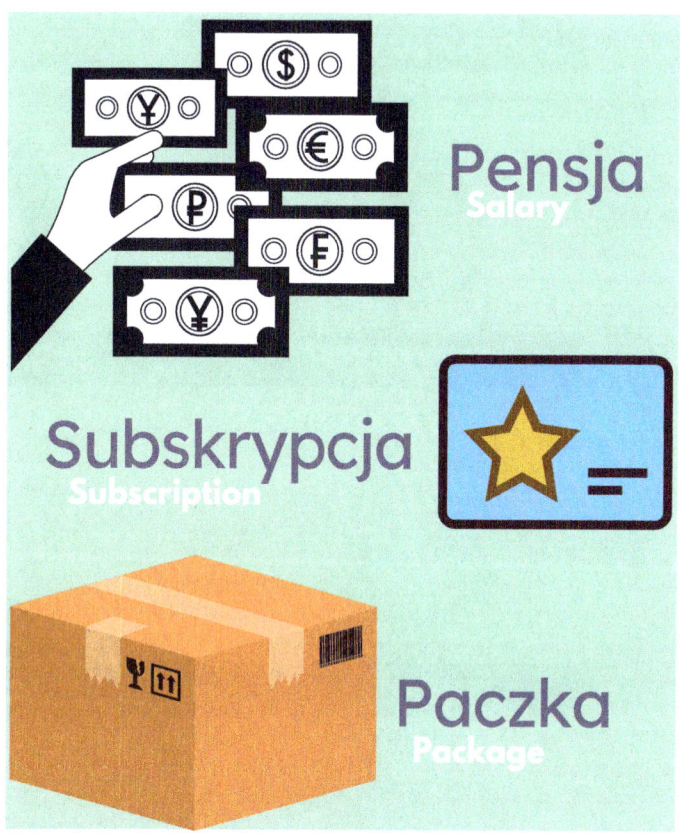

Adres
Address

Koperta
Envelope

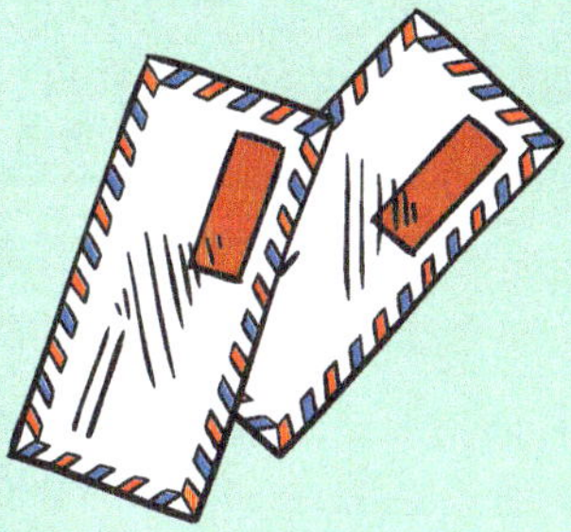

Poczta
Mail

Znaczek
Stamp

Skrzynka pocztowa
Mailbox

Rachunek
Bill

Prąd
Electricity

Gaz
Gas

Pensja
Salary

Subskrypcja
Subscription

Paczka
Package

Listonosz
Postman

Wysłać
Send

Kupić
Buy

Sprzedać
Sell

ekologia
ecology

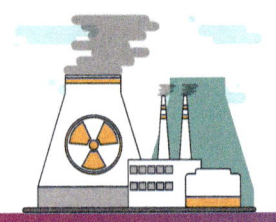

72

PODDAWAĆ RECYKLINGOWI	**ŚRODOWISKO**	**ZANIECZYSZCZENIE**
RECYCLE	ENVIRONMENT	POLLUTION
PESTYCYDY	**ORGANICZNY**	**WEGETARIANIN**
PESTICIDES	ORGANIC	VEGETARIAN
ENERGIA	**WĘGIEL**	**BENZYNA**
ENERGY	COAL	GASOLINE
ATOMOWY	**EKOSYSTEM**	**FAUNA**
NUCLEAR	ECOSYSTEM	FAUNA
FLORA	**TEMPERATURA**	**ARKTYKA**
FLORA	TEMPERATURE	ARCTIC

Printed in Great Britain
by Amazon